गुरु ज्ञान वाणी

डॉ. जगदीश पिल्लई

गुरुर्ब्रह्मा गुरुर्विष्णुः गुरुर्देवो महेश्वरः,

गुरुः साक्षात् परब्रह्म तस्मै श्री गुरवे नमः॥

क्रम-सूची

लेखक का परिचय

डॉ. जगदीश पिल्लई एक उत्साही पाठक, लेखक और सच्चे शोध विद्वान है जिनका का जन्म भगवान शिव के नगरी वाराणसी में हुआ था। वह वैदिक विज्ञान में पी.एच.डी. किया हुआ है||। वह जन्मजात गुणों, रचनात्मक विचारों और कई उल्लेखनीय उपलब्धियों के साथ एक बहुआयामी पॉलीमैथ है। यद्यपि उनकी जड़ें "गॉड्स ओन कंट्री" (केरल) तक फैली हुई हैं| वाराणसी के निवासी उन पर गर्व महसूस करते हैं और उन्हें वाराणसी के एक बच्चे के रूप में मानते हैं जो बिना किसी अपेक्षा के हर व्यक्ति की जरूरत को पूरा करता है। उनकी प्रोफाइल के गहन अध्ययन से पता चलता है कि उन्होंने कामयाबी के कई सारे पंख जोड़े हैं जो उन्हें काफी अनोखा बनाते हैं। वह निम्नलिखित विषयों में चार बार गिनीज बुक ऑफ वर्ल्ड रिकॉर्ड धारक हैं:

(1) "स्क्रिप्ट टू स्क्रीन" जो उन्होंने कनाडा के लोगों द्वारा पहले के सेट रिकॉर्ड को तोड़कर कम से कम समय के भीतर कला एनीमेशन फिल्म का निर्माण और निर्देशन करके हासिल की। उनके नाम पर कई राष्ट्रीय और अंतर्राष्ट्रीय पुरस्कार और सम्मान भी हैं।

(2) पोस्ट कार्ड की सबसे लंबी लाइन जो उन्होंने 16300 पोस्ट कार्डों द्वारा भारतीय डाक दिवस के 163 साल के अवसर पर की है। यह कार्यक्रम भारतीय ध्वज के बारे में एक प्रश्नावली से भी जुड़ा था।

(3) सबसे बड़ा पोस्टर जागरूकता अभियान - यह "बेटी बचाओ - बेटी पढाओ" विषय पर जागरूकता अभियान तैयार करके प्राप्त किया गया था।

(4) सबसे बड़ा लिफाफा - प्रधानमंत्री की पहल 'मेक इन इंडिया' को श्रद्धांजलि के लिए - उन्होंने रद्दी कागजों का उपयोग करके लगभग 4000 वर्ग मीटर का लिफाफा बनाया है।

(5) भारत के सतरवें स्वतंत्रता दिवस को मनाने के लिए 210 किलो के केक पर 70000 मोमबत्तियां जलाकर वर्ल्ड रिकॉर्ड्स इंडिया में दर्ज अपना नाम दर्ज किया|

(6) सारनाथ के धमेक स्तूप पर 17 भाषाओं में डबिंग करके एक वृत चित्र बनाया है जिसका परिणाम गिनीज वर्ल्ड रिकॉर्ड्स से प्रतीक्षारत है|

• वे गीता शिक्षण में बहुमुखी प्रतिभा के धनी हैं। युवा पीढ़ी उनके गीता शिक्षण से प्रेरित है और उन्होंने अपने निरंतर प्रेरक, प्रोत्साहन और शिक्षाओं के माध्यम से कई युवाओं के जीवन को बदल दिया है।

• उन्होंने गायत्री मंत्र को 1000 अलग-अलग धुनों में गाया है।

• उन्होंने 108 अलग-अलग धुनों में हनुमान चालीसा को गाया है।

• उन्होंने सैकड़ों संस्कृत भजन, देशभक्ति गीत आदि की रचना और गायन किया है।

• उन्होंने जागरूकता अभियानों के लिए कई लघु फिल्मों और वृतचित्रों का लेखन और निर्देशन किया है।

• उन्होंने वीडियो और फोटोग्राफी के माध्यम से विभिन्न मुद्दों पर जागरूकता अभियान फैलाने के लिए यूपी पुलिस और केरल पुलिस को स्वैच्छिक सेवाएं दी हैं।

वह भारतीय संस्कृति, भारतीय मंदिरों और असाधारण लोगों के जीवन पर हजारों किताबें लिखने की राह पर हैं।

यह विश्वास करना कठिन है कि उन्होंने एक विशेष शहर (वाराणसी) पर 100 से अधिक वृतचित्रों का निर्माण और निर्देशन किया है, जो अकेले एक व्यक्ति द्वारा किया गया है।

उन्होंने 25 से अधिक लड़कों और लड़कियों को विभिन्न रचनात्मक और अभिनव तरीकों के माध्यम से विश्व रिकॉर्ड हासिल करने में मदद और मार्गदर्शन किया है।

एक बहुमुखी व्यक्ति जो ईश्वर प्रदत्त आशीर्वाद का उपयोग करके अपनी बुद्धि का सबसे अच्छा उपयोग करता रहता है| इसलिए वह कई चीजों को सीखने, अनुभव करने और प्रयोग करने और भेदभाव और असमानताओं की इस दुनिया में चमत्कार करने की अपार क्षमता प्रदान करता है। .

वह एक ही समय में एक शिक्षक और एक छात्र है जो हमेशा हर दिन सीखता है और हर दिन पढ़ाता है। एक मास्टर के तौर पर उनकी

कमजोरी यह थी कि वह कभी किसी खास विषय पर नहीं टिकते। शायद यही कमजोरी उसे किसी भी क्षेत्र में महारत हासिल करने की ताकत देती है।

उनका प्रत्येक दिन एक नया विषय सीखने के साथ शुरू होता है और वह अपना अधिकांश समय प्रयोग और शोध करने में व्यतीत करते हैं।

वह एक निस्वार्थ सामाजिक कार्यकर्ता और एक प्रेरक वक्ता भी हैं।

उनका जीवन भी संघर्ष, उतार-चढ़ाव और असफलताओं से भरा रहा है। लेकिन उन्होंने कभी हार नहीं मानी और आत्मविश्वास से भरे अपने सभी परीक्षणों और क्लेशों का सामना किया। आज वह एक सफल युवक है जिसके पास बहुत जोश और समृद्ध जीवन का अनुभव है।

उन्होंने अपनी ही धुन से पूर्ण रामचरित मानस 51 घंटे का ऑडियो गाया है। उन्होंने पूरी भगवद-गीता को भी अपनी धुन में एक लयबद्ध पृष्ठभूमि के साथ गाया है।

उन्होंने 30 अलग-अलग भाषाओं में "लोका: समस्ता: सुखिनो भवन्तु" भी गाया है।

वर्तमान में वेद, उपनिषद, पुराण, भगवद गीता आदि पर विस्तृत और वैज्ञानिक अध्ययन पर काम कर रहे हैं।

वर्तमान में, वह 'यूरेशिया डिजिटल यूनिवर्सिटी' के मानद चांसलर हैं।

पुरस्कार

चार बार गिनीज वर्ल्ड रिकॉर्ड्स में नाम दर्ज|

महात्मा गांधी विश्व शांति पुरस्कार के विजेता एवं महात्मा गांधी वैश्विक शांति राजदूत|

काशी रत्न पुरस्कार|

डॉ एपीजे अब्दुल कलाम मोटिवेशनल पर्सन ऑफ द ईयर 2017|

मदर टेरेसा पुरस्कार|

इंदिरा गांधी प्रियदर्शिनी पुरस्कार|

भारत विकास रत्न पुरस्कार|

उद्योग रत्न पुरस्कार|

विज्ञान प्रसार पुरस्कार|

पूर्वांचल रत्न पुरस्कार|

डॉ. जगदीश पिल्लई वैदिक साइंस, भगवद्गीता आदि के टीचर है| उसके आलावा लेखक, गायक, फिल्म मेकर, जेमोलोजिस्ट, आस्ट्रो-वास्तु कंसलटेंट, वर्ल्ड रिकॉर्ड कंसलटेंट, प्राणिक हीलर, स्पिरिचुअल काउंसलर, टैरो कार्ड रीडर आदि विषयों में भी महारत हासिल है|

आप आल इंडिया मलयाली एसोसिएशन उत्तर प्रदेश के चेयरमैन है एवं भारतीय मानवाधिकार एसोसिएशन के 'संस्कृति एवं संस्कार' का राष्ट्रीय सचिव भी है|

1

चोर कौन है?

गुरुजी ने एक शिष्य से पूछा, (जो हमेशा पढ़ता और लिखता रहता था, मगर कोई सेवा या कर्म नही करते थे।) "वह इस चोरी को कब रोकेगा?"

शिष्य ने कहा, "गुरु, क्या मैं चोर हूँ?"

गुरु वर ने कहा "हाँ, तुम चोर है। क्या किसी के लेखन की नकल करना साहित्यिक चोरी नहीं है? "

शिष्य अचंभित हो गया और उन्हें आश्वस्त करते हुए गुरुजी ने आगे कहा: "यदि आप जो पढ़ते हैं वह आपका है, तो आपको इसका अनुभव करना चाहिए, जैसा कि कहा गया है। तब वह ज्ञान तुम्हारा होगा। खाया हुआ भोजन शरीर को शक्ति नहीं देता जब तक खाना नहीं पचता, इसी तरह, एक व्यक्ति जो पढ़, सुन, देख और अनुभव कर सकता है, वह अनुभव ही आदमी को सांस्कारिक बनाता है।

2

एक अच्छे दिमाग की कीमत

देश में हो रही प्रगति से उत्साहित, युवा शिष्य ने गुरुजी से कहा: "देखो, कितने महान आविष्कार हो रहे हैं? क्या जमीन, समुद्र और आसमान पर यात्रा करने की सुविधा नहीं है?"

गुरु जी ने कहा "आप चाहे या ना चाहे खाना खाने से आप का शरीर तो बढ़ेगा ही। जरूरत पड़ने पर इनोवेशन भी होगा। इन सबके बावजूद क्या मनुष्य को अच्छे मन की जरूरत नहीं है?' हम सभी चीजों से प्यार करने और उनकी सेवा करने की मानसिकता तभी हो सकती है जब हमारे पास एक सच्चा एवं वासना रहित मन हो।

3

आखिरी दो अक्षर

क्या आपने कभी भगवान शिव की मध्यस्थता के माध्यम से रामायण साझा करने वाले देवताओं, राक्षसों और मनुष्यों की कहानी सुनी है?

नहीं तो सुनिए।

ब्रह्मा द्वारा लिखित रामायण में 100 करोड़ श्लोक ब्रह्मा के पुत्र देवताओं, राक्षसों और मनुष्यों ने उस रामायण के अधिकारों का दावा किया। तीनों ने बहस की। शिव मध्यस्थता में रहे। भगवान शिव ने रामायण को तीन भागों में विभाजित किया। प्रत्येक को तैंतीस लाख तैंतीस हजार तीन सौ तैंतीस श्लोक दिए गए। अंत में केवल एक ही भजन रह गया। उसका भी विभाजन करने को

देवताओं, राक्षसों और मनुष्यों ने कहा।

अंत में 32 अक्षर वाले उस पद को भी तीन भागों में बांटा गया।

अंत में 2 अक्षर रह गया।

तब भगवान शिव ने कहा: मैं शेष दो अक्षरों को मध्यस्थता वाला महान कार्य करने के लिए पुरस्कार के रूप में ले रहा हूं। वे दो अक्षर 'रा' और 'मा' हैं। वही रामनामम् है जो एक अरब श्लोकों का नही सार है। महादेव हमेशा भगवान राम के नाम का जाप करते हैं। एक और बात जानिए: 'रा' अग्नि का बीज है और 'मा' शांति का।

इस "राम" नाम का जब किया जाए तो निश्चित ही अंधकार से प्रकाश की अनुभूति एवं शांति प्राप्त होगी। विनोबाजी और गांधीजी ने राम नाम के महिमा का वर्णन किया है।

4

अग्नि शोधन का अर्थ

राम को सीता की पवित्रता पर कोई संदेह नहीं था। फिर राम ने सीता की अग्नि शुद्धि का समर्थन क्यों किया? गुरुजी ने उत्तर दिया: "राम न केवल एक पति है, बल्कि एक महान व्यक्ति भी है जो एक देश पर शासन करता है। पहला राजतंत्र और दूसरा है पतित्व। राजशाही को अपनी प्रजा को विश्वास दिलाना चाहिए। शासक को संदेह से परे होना चाहिए। रानी की पवित्रता भी महत्वपूर्ण है। इसलिए सीता ने लक्ष्मण को ढेर तैयार करने का आदेश दिया।

अग्नि में प्रवेश करते हुए, सीता ने कहा: "यदि मन से, वचन से, और कर्म से अगर मैं परिशुद्ध हूँ तो हे अग्नि मेरा रक्षा करें।

अग्नि देवता प्रकट हुए। देवी की पवित्रता के साक्षी बने। इसका एक बड़ा संदेश है। सत्ता में बैठे लोगों पर संदेह की छाया नहीं होनी चाहिए। लोगों को हर चीज के बारे में जागरूक करने की जिम्मेदारी शासकों की होती है। जब ऐसे लोग सत्ता में होंगे तभी राम राज्य अस्तित्व में आएगा।

5

प्रसिद्धि का रहस्य

राम को समुद्र पार करने के लिए अपने पंख बांधने पड़े। लेकिन भगवान राम के भक्त हनुमान का क्या? राम नाम का जप करते हनुमान सागर कूद गया!

रामायण का संदेश यह है कि जो राम की पूजा करेगा, उसकी महिमा राम से अधिक होगी। हमारे देश में श्री राम मंदिरों से ज्यादा श्रीहनु मान मंदिर हैं। जब महान संगीतकार त्यागराज स्वामी ने राम की महिमा की, तो त्यागराज स्वामी प्रसिद्ध हुए। जो परमेश्वर की महिमा करेगा उसकी महिमा होगी।

6

जो हमें करना है वो हमें ही करना पड़ेगा।

विदेश के एक भक्त ने श्री सत्य साईं बाबा से शिकायत की:

"हम स्वामीजी से बहुत कम संपर्क करते हैं क्योंकि हम बहुत दूर हैं?"

बाबा ने समझाया...

"बुध सूर्य के सबसे निकट का ग्रह है और शुक्र अधिक दूर फिर भी बुध बहुत ठंडा और शुक्र बहुत गरम रहते हैं।

शुक्र ग्रह को वातावरण से सूर्य के प्रकाश को अवशोषित करने की अधिक शक्ति होती है।

इससे कोई फर्क नहीं पड़ता कि आपके पास कितने गणमान्य व्यक्तियों की उपस्थिति है मगर उनकी निकटता का लाभ उठाने की प्रयत्न आपको ही अपने अच्छे कर्मों से एवं उनके आचरण से करना चाहिए।

7

हमें धर्म राज्य चाहिए

भरत ने राम द्वारा दिए गए राज्य को स्वयं राम को वापस कर दिया। लक्ष्मण के आग्रह पर भरत युवा राजा बन जाता है।

वाल्मीकि का राम का वर्णन के अनुसार, इस प्रकार राम के राज्य में कोई विधवा नहीं है, कोई रोग नहीं हैं, कोई बच्चे की मौत नहीं, कोई चोर नहीं। मंत्र "रामो राम राम राम" यही मन्त्र हर किसी की जुबां पर है।

सर्फ राम राज्य में समय-समय पर बारिश होती है, हवा चलती ही, पेड़ पौधों में फल ही फल होती हसि।

इसलिए ऋषि ने आह्वान किया कि रामकथा सुनो और ध्यान करो। परिवार की समृद्धि, धन, दीर्घायु और स्वास्थ्य सभी राम आचरण में उपलब्ध हैं। यदि हम राम राज्य में धार्मिकता का जीवन जीते हैं तो क्या सभी आशीषें नहीं आएंगी? क्या हमें मुश्किलों से गुजरना पड़ेगा?

नहीं !

रामकथा सुनने की आदत डालिये जीवन को पवित्र एवं शांत बानाइये।

8

बुरा - भला

शिष्यों ने एक सूफी से पूछा: "क्या गुरु ने हमें अच्छाई और बुराई के लिए आभारी होना सिखाया जो ईश्वर देता है?, मगर

बुराई के लिए आभारी क्यों हो?

सूफी गुरु ने कहा "मेरे पास इसका कोई उत्तर नहीं है आप लोग मेरे गुरु से पूछो।"

शिष्य सूफी के उस महान गुरु की तलाश में एक पहाड़ की चोटी पर गए।

वहां फटे कपड़ों के साथ जीर्ण-शीर्ण बिस्तर में वह गुरु बैठा हुआ था।

शिष्यों ने उनसे वही प्रश्न किए।

गुरु ने कहा : बच्चों, मुझे कभी नहीं लगा कि भगवान ने जो कुछ भी किया है वह बुरा है। साथ ही, क्या परमेश्वर हमारे साथ बुराई कर सकता है? मैं ऐसा नहीं मानता।

क्या अच्छाई और बुराई वास्तव में हमारी मनःस्थिति नहीं है? केवल बुद्धिमानों के लिए ही नहीं बल्कि हमारे लिए भी जब हम किसी नकारात्मकता को सकारात्मक में बदलने की कोशिश करते हैं तो खुशी मन को भर देती है। हो सकता है कि हम इसे पूरी तरह से न कर पाएं मगर कोशिश तो कर सकते हैं।

9

प्रकृति की लय

मनुष्य ही एकमात्र ऐसा प्राणी है जो बिना भूख के भी खाना खाता है। विद्वेष एवं बदला लेने के लिए भी मनुष्य मनुष्यों को मारते हैं। जानवर सिर्फ भूख मिटाने के लिए ही किसी का शिकार करते हैं। लेकिन मनुष्य मनोरंजन के लिए भी जानवरों का शिकार करता है। हमारे लिए यह एक साहसिक कार्य है।

यदि किसी जानवर को मारने के लिए छेड़ते वक्त वह जानवर पलट कर हमें चोट पहुंचाएं तो हम उसे क्रूर जंतु कहते हैं।

गीता में लिखा है कि मनुष्य ही प्रकृति की लय को नष्ट करता रहता है।

हम प्रकृति के संगीत एवं नृत्य के साथ तालमेल रखकर जीने पर ही हम प्रकृति के लय में जी सकते हैं।

10

मन सा ज़मीन

एक नए शिष्य जो गुरु के साथ थे गुरु से शिकायत की:

"मैं साधना तो करता हूँ मगर अनुभूति नहीं मिल रही, भौतिक जीवन को छोड़कर आपके शरण में इसलिए आया था कि मुझे भगवान का अनुभूति प्राप्त हो सकें।

गुरु ने कहा :

गुरु ने शांति से कहा:

"जहाँ दो प्रेमी लोग एक साथ बैठे हों और वहां पर कोई अनजान पहुंच जाए तो उन लोगों को वो अच्छा नहीं लगेगा। इसी तरह, तुम्हें हर उस चीज़ से घृणा होनी चाहिए जो ईश्वरीय नहीं है।

नदी पार करने के लिए नाव नहीं होगी तो जरूरतमंद तैर कर पार करेंगे। कुछ लोग नाव की प्रतीक्षा करेंगें और कुछ लोग यात्रा ही स्थागित कर लेंगे"

गुरु ने आगे कहा: "क्या हम बीज बोने से पहले जमीन तैयार नहीं करते हैं? आश्रम का जीवन आपके मन रूपी ज़मीन को ईश्वरीय कार्य के लिए तैयार करना है। जब यह तैयार हो जाएगा, तो परमेश्वर स्वयं आकर बीज बोएगा। आपको खुद जमीन तैयार करनी होगी। मैं आपको केवल रास्ता ही बता सकता हूं।

Contact

9839093003
myrichindia@gmail.com
fb@drjagadeeshpillai
fb@drjagadeeshpillaiofficial